홀씨들의 먼길

열린시학 정형시집 ㉓

홀씨들의 먼길

박권숙 시집

고요아침

■시인의 말

문득 이쪽 하늘에서 다른 하늘로 건너가는
불혹의 고갯길 싸라기꽃 피워놓고
간밤 내 소금투성이 길을 더듬어 왔다.

누군가 쥐었다 놓아버린 꿈들이
고독한 한 사람의 두메에서 빛날 때
어둠에 겹쳐 쓰러지는 봄눈 환한 발을 본다.

 백 년만의 폭설로 봄이 더디다. 너무 일찍 촛불을 받아든 탓에 아직 푸른 입술로 잠들어 있는 꽃눈들이 안쓰럽다. 그리고 여기 내가 피워온 이 허술한 싸라기꽃 묶음을 들여다보자니 더 안쓰럽기 그지없다. 도와주신 모든 분들께 진심으로 감사드립니다.

2005년 봄
박 권 숙

차례

시인의 말·5

제1부

해송의 노래	·12
복천동고분 노천 토기에는	·13
윤창화 씨 집	·14
창렬사 석축	·15
배롱나무	·16
대왕암	·17
내 마음의 고수	·18
오래된 시계	·19
불꽃의 집	·20
해녀	·21
귀무덤	·22
토함에서	·23
콩꼬투리	·24
분황사	·25
민들레꽃	·26
남해일기	·27
대밭에서	·28
청평사 회전문	·29
잠적	·30
유랑의 무리	·32
북장대의 봄	·33

제2부

천마총·1 ·36
천마총·2 ·37
천마총·3 ·38
천마총·4 ·39
천마총·5 ·40
천마총·6 ·41
천마총·7 ·42
천마총·8 ·43
천마총·9 ·44
천마총·10 ·45
천마총·11 ·46
천마총·12 ·47
천마총·13 ·48
천마총·14 ·49
천마총·15 ·50
대릉원에서 ·51

제3부

모과나무 ·54
버들꽃 ·55

봉길리행	· 56
삼우제	· 57
표류하는 벽	· 58
동행	· 59
불이문	· 60
우기	· 61
폭설주의보	· 62
자화상	· 63
월인천강지곡	· 64
동백	· 65
물수제비	· 66
폐가를 지나며	· 67
갈수기	· 68
변성기의 강	· 69
얼음 호수	· 70
거미집	· 71
강촌역에서	· 72
새	· 73
상실시대	· 74

제4부

청사포 · 1 · 76
청사포 · 2 · 77
청사포 · 3 · 78
청사포 · 4 · 79
청사포 · 5 · 80
청사포 · 6 · 81
청사포 · 7 · 82
청사포 · 8 · 83
청사포 · 10 · 84
청사포 · 11 · 85
청사포 · 13 · 86
청사포 · 14 · 87
청사포 · 15 · 88

제5부

초저녁별 · 90
겨울강에서 · 91
숨은 길 · 92

운문사	· 93
바다가 있던 자리	· 94
달팽이	· 95
간목	· 96
사랑에 관하여	· 97
솥	· 98
밤길	· 99
유등 연지	· 100
단풍잎	· 101
뒤주 속의 바다	· 102
나비	· 103
안나 모자원	· 104
서풍부	· 105
풋감	· 106
춘분 무렵	· 107
태화강가에서	· 108
봄이 오는 소리	· 109
돌사자	· 110
가벼움에 대하여	· 111

해설 | 이지엽 · 112

빛나는 서정과 견고한 시정신 − 박권숙론

제1부

해송의 노래

소리가 쇠북을 뚫고 해송의 등을 밀면
꿈속에도 손을 뻗어 놓지 못한 바닷길
바람은 새한도 위로 마지막 붓을 치고 있다

여기 꿇어앉아 울던 화공의 눈빛처럼
겨울은 늘 굽어서야 더 청청 일어서고
일광단 한 올 한 올에 인주 묻은 그림자

첫 새벽 화폭에 담긴 반도는 눈이 부셔
서해안 개펄 지나 동해안 낙석까지
낙관에 끌려온 노을 붉게 찍혀 나온다

복천동고분 노천 토기에는

흙 속에서 물의 뼈가 일어선 자국 있다

봄날 가얏고에 맺혀 녹은 바람의 살

불룩한 그리움들이 뱉어낸 울음 있다

깃발이여

깃발이여

민들레 산천 환해

흙투성이 옹벽에 갇힌 하늘 한 점 입에 물고

빛으로 흩어져갔던 홀씨들의 먼길 있다

윤창화 씨 집

등불을 앞세우고 싸리꽃 핀 앞산머리
환한 목숨 깊은 곳 하나하나 짚어가며
물자갈 그림자마다 먹물 번진 섬 있다

五友歌 빠져나온 흰 달빛이었을까
孤山을 이야기하는 나긋한 토음들이
무수한 날갯짓으로 밀어올리는 해안선

빛바랜 누런 한지 두루마리를 펼 때마다
달빛 배인 바다가 흥건히 흘러나와
창호지 아랫문살에 하얗게 차올랐다

창렬사 석축

보잘 것 없는 생의 후미진 층계들이
사당 뒤란 대낮의 서늘한 고요 속에
시퍼런 시누대나무 봉홧불을 올린다

닳아지는 순절의 아픈 꿈 간간마다
가슴에 맺힌 불들 먹돌로 삭이면서
구름의 묘비로 서서 기다리며 살았다

힘주어 버텨왔던 붉은 산의 고달픔이
어깨를 짠 그늘의 뿌리까지 흔들 때면
꼿꼿한 독기 한 겹씩 청태가 되어 피어났다

배롱나무

겨울의 한복판엔 무덤이 있습니다
적설처럼 무거운 한 생을 벗어놓고
정갈히 촉루를 깎는 배롱나무 몇 그루

타오르지 못한 꿈은 햇빛 속에 던져져
앙상한 묵언들의 추운 재로 사위고
바람이 제 옷자락에 유골을 받습니다

무너진 갱도 아래 캐다 만 울음 한 삽
덩그런 폐광 같은 겨울의 한복판엔
촉루에 불을 켜드는 무덤이 있습니다

대왕암

수평선 밖에 누워 아침이 울고 있었다

아직 태어나지 않은 물방울 속 아기들이

어두운 왕의 잠속으로 자꾸 꽃을 던졌다

불 담은 놋향로를 맨살에 받쳐들고

바위가 붉은 꽃잎으로 가득 차올랐을 때

내 안에 보이지 않던 섬 하나가 떠올랐다

내 마음의 고수

봄 신명 중중모리 도깨비불 신령처럼
남모를 그리움보다 더 멀리 길을 내는
마음은 봉우리 솟다 가라앉는 뫼입니다

떠나고 갈래지는 자진모리 한 굽이길
젖니가 통통 배인 환한 잇몸을 하고 서서
터질 듯 웃음을 참는 산벚나무 꽃입니다

날아오르고 싶은 길을 가슴 아래 다시 묻고
마음의 흑점들을 휘모리로 지우다가
북채를 던져버리고 파안하는 달입니다

오래된 시계

강으로 내려가다 발을 헛디디는 햇빛
붉은 토사더미처럼 매미소리가 쏟아졌다
희미한 저 시계소리 엿듣고 있는 물자갈

고스란히 앉아 이마에 불을 받는
시간의 삭은 **뼈**들이 강물소리를 내며
내 몸 속 가라앉아 있던 먼 뿌리를 흔들었다

방울과 거울과 칼날을 번쩍이며
하늘이 물 속으로 자꾸 걸어 들어간다
환한 강, 저 시계소리 멈추지 않는다

불꽃의 집

건너야 할 겨울의 마지막 적소에서
채 베어내지 못한 그리운 이름들을
불붙는 몸으로 감싼 나무들을 보았다

저 눈먼 연대기의 등고선을 넘어 와
희디흰 속살 차례로 입을 여는 기억들을
그것의 가장 뜨거운 날개들을 보았다

바람이 뼈마디를 모두 꺾어 던졌을 때
빈집으로 어두워진 소리의 문 잠그고
적막이 첫발자국을 내딛는 것을 보았다

해녀

섬의 뜨거운 품 어디선가 튕겨 나온
바람구멍 숭숭한 검은 돌의 울음들이
귀먹고 눈 먼 하르방 가슴속을 깨우고

그 울음의 울음들이 저승할망 아궁이
눈 홉뜨고 죽은 혼령 눈물까지 번져서
한라산 다홍 철쭉꽃 잉걸불로 타는 봄

그 쓸쓸한 울음의 울음들이 번져서
마침내 호오이 호이 숨비소리로 타오를 때
바다의 환한 속살에 내 손 닿을 수 있다

귀무덤

어둠에 못질하는 녹슨 쇠망치 소리
먹통이 된 바닷길 봉쇄된 울음들이
오늘은 진눈깨비로 살갗에 와 녹고 있다

당신의 소리들은 귓바퀴가 잘리고
캄캄한 흙 속에서 뜨거운 별이 되어
울혈의 용암화산을 터뜨리고 있었다

바라 치는 소리로 청동 궤를 열었을 때
까마득한 소리의 조각들을 맞추어 가면
한반도 글썽거리는 눈물의 뿌리에 닿았다

토함에서

물에 비친 달그림자를 들여다보고 나서
수태를 하였다는 동해 여인국 어미들이
토함산 어깨 뒤에서 바느질 하고있네

뼈 한 조각 남김없이 삭아진 엄지손톱
거기 바늘 땀땀이 슬픈 천년이 지나거라
무수히, 무수히 찔린 헌 골무 같은 하현

닳아진 이목으로 웃는 석불이 되고
이지러진 힘으로 차오르는 꿈이거든
홀연히 다시 천년이 또 천년이 지나거라

콩꼬투리

내가 시들어 떨어지는 마른 꽃이었을 때
마른 화관 벗어놓고 상여를 메고 나는
오뉴월 상여를 메고 별똥별로 누운 나는

까맣게 잊고 있던 이승의 한 점 혈육
난생을 꿈꾸는 별이 껍질 속에서 울었다
밤마다 부풀어 오르는 내가 남긴 한 줄 시

분황사

바람의 한 철 집이었던 늙은 나무둥치 아래
이제 막 알껍질 깨고나온 햇빛일까
축축한 시간의 무덤 우물전이 빛났다

저 둥글고 쓸쓸한 기억들을 붙들고
우물 밑에 잠들었던 이무기 같은 시간들이
가벼운 물방울 속으로 떠올랐던 것일까

동안거 목탁소리 그리메진 가슴마다
무명의 환한 중심들이 열리고
적막의 한가운데로 나는 자꾸 깊어졌다

민들레꽃

원래 우리 어머니는
무사의 후예였다

매복의 작은 횃불로
들을 환히 태우다가

머리가
하얗게 세면
달을 향해 활을 쏜다

남해일기

그리운 것들은 모두 벼랑이 되었다
저물녘 주섬주섬 전설을 걷고 있는
유배의 벙어리섬들 쇄골 끝에 서 보라

막 날아오를 듯한 해송은 발이 묶여
파묘의 썩지 않는 뼈조각 햇빛들이
휘갈긴 필묵 그림자 읽지 못한 긴 안부

해 지고 어둠 겹겹 살 속에 빛을 켜는
사무친 그리움의 까마득한 높이에서
저승을 뛰어내리는 이름들의 포말

대밭에서

깃발을 이미 내린 사람의 변방에서
가슴에 품은 울새 한 마리씩 날리시는
어머니 지고 온 길들 대밭에다 버린다

너무 멀리 와버린 것들 울음의 마디 풀면
마디마다 들어앉은 절 마당이 환한데
우주의 빈 관절들이 타오르기 시작했다

청평사 회전문

1
부처님
돌아보면 부처님
저 먼 우레

꿈은 늘
한 마리 상사뱀이었습니다

넝쿨째 살라버리고
덩그렇게 앉은 호박

2
제 그림자 붙들고 선 한 무리 돌탑들은
촛대에 불을 켜든 직립의 기다림들
돌 속의 그 하늘빛은 뜨겁고 눈부시겠지
나는 또 누구의 간절한 탑이었나
삼세를 돌아 닿는다는 회전문 안 대웅전을
저 아래 영지에 누운 돌 속에서 다시 본다

잠적

바람의 작은 깃털들이
따뜻한 눈망울을

가슴 속 빈 우물에
옮겨간 뒷날부터

운명한
그리움들은
돌이끼가 되었다

첨성대 한 단씩을
쌓았다 허문 자리

아버지
단풍잎 같은
별 하나를 떨구신다

우물에
이르는 길은
지워진 지 오래다

유랑의 무리

강에서는 늘 모반의 술렁임만 키워왔다
물위에 꼿꼿이 서서 눈뜬 채 얼어 죽은
갈대는 죽은 후에도 바람의 목을 죄고 있다

다 왔다 여기까지 끝 간 데까지 왔다
역마살 미친 바람에 숨가쁜 삼천리 길
처연히 군장을 풀며 물러앉은 산기슭

산길 뱃길 나들목 다 썩어간 발목들을
들숨날숨 하단 뻘밭 강나루에 매어놓고
눈물빛 용서의 말은 끝내 강에 버린다

북장대의 봄

 잊혀진 이름들로 온 성이 끓고 있다

 반듯한 흰 층돌의 이마에서 나온 빛은 진주성 성벽을 돌아 남강을 풀어 놓고 북장대 기둥에 와 형형하게 멈춰 있다 화살구멍 사이로 화전 같은 해를 쏘면 강물에 몸을 굽힌 참나무 잎새마다 화르르 화르르 옮겨 붙는 햇빛인데

 기억의 나침반 위에 아물거리는 아지랑이

제2부

천마총 · 1

보관을 벗어버린 작은 곰팡이들은
천상의 불 번지는 노을 속을 날아가
명암을 가르마 짓듯 등불을 흔들었다

자작나무 껍질로 싼 밀봉의 울음들이
진흙 깊이 숨겨진 왕의 잠에 닿았을 때
내 마음 깊은 벼랑을 날아오르는 백마 본다

천마총 · 2
— 금관

한 자루 밀초를 들고 네게로 걸어갔다
빛이 여윌 때마다 몽유의 흐린 불꽃
늪처럼 고인 어둠에 긴 작살을 던졌다

고분 아래 고이 잠든 왕의 금관 수슬들은
칠흑의 어둠을 그어 젖은 몸을 지피고
홀연히 금빛 비늘로 문득 솟아올랐다

단 한 번 가슴에 불을 품은 자라도
흙은 결코 체온을 나누어 주지 않았다
차디 찬 어둠을 견딘 금빛 불은 외롭다

천마총 · 3

신령한 별 하나가 땅에 떨어진 뒤
썩은 한 줌 물흙으로 캄캄하게 갇힌 길은
시퍼런 노송가지에 몸을 던져 타고 있네

절명의 저 낭자한 매미소리를 멸하고
땅위에 숨쉬는 모든 것을 멸하고
거대한 저 고독한 섬들 그림자마저 멸한 뒤

살의만이 폭염 아래 하얗게 빛날 때
천마총 백골 같은 돌난간에 앉아 듣네
어째서 슬픈 날개를 꿈꾸어 왔는지를

천마총 · 4

고요의 어느 곳도 흔들 수 없어 타오르는
잃어버린 소리들의 저 황금빛 비애
땅에서 가장 빛나던 어둠의 뼈를 본다

완강한 침묵 앞에 너의 고립은 빛나고
순백으로 휘날리는 갈기를 세운 꿈은
어둠을 뚫을 때마다 이마에 불이 인다

천마총 · 5

저 나정 우물가 빛을 불러온 날 이후
포박된 어둠 속의 아름다운 목청들은
천리 밖 꿈결에까지 말굽 치며 울었을까

돌아오지 않는 것은 밤하늘로 날아가
수억 광년 전에 죽은 빛을 품고 있었을까
무성한 노여움들은 뗏장으로 덮이고

혼령 같은 초승달 선문을 열고 나와
어둠을 품고 빛나는 푸른 알의 눈물들을
은장도 벼린 칼날로 곱게 깎아 놓는다

천마총 · 6

다시 눈이 내리고 앙상한 나목들은
눈부신 새 날개 앞꽂이를 받쳐들고
무채색 바람소리로 숨죽이며 울었다

이미 죽은 빛들로 능원은 넘치고
추락하는 것들이 목덜미를 빛낼 때
순장된 기억들 위로 흰 깃을 펼친 어둠

마을에 닿는 길들은 아득히 흐려
흑백의 담장 위 다시 눈이 내리고
죽음의 경계선에서 벗어나는 저 눈발

천마총 · 7

저물어 돌아오는 치렁한 그리움을
편옥처럼 늘어뜨린 푸른 솔잎 그림자
수척한 노을에 기댄 왕의 능을 보았다

가슴에 묻었던 시대의 풍랑들이
서향받이 생목들의 몸을 빌어 일어서서
마지막 보검을 빼어 제 이름을 적는 햇빛

한 개의 솔방울이 몰래 떨어질 때마다
아름다운 흔적으로 대릉원이 흔들리고
우리는 무덤 하나씩 가슴 중심에 품고 산다

천마총 · 8

내 생애 속살 깊이 멍울진 눈물 같은
배롱나무 꽃들이 붉은 입술을 열어
잠든 채 잠들지 않는 이름들을 부를 때

환한 부슬비에 뺨을 대고 젖고 있는
죽음 곁에 앉아서 문득 보았습니다
더 이상 박힌 빛들이 아프지 않는 어둠을

천마총 · 9

어디서 오는 역광이었을까 씨앗처럼
실눈을 비비는 젖은 씨앗처럼
예감의 촉수에 닿는 이 낯선 빛들은

상서로운 새들과 천마와 나비까지
펄럭임을 지녔던 아름다운 것들이
감금의 날갯짓으로 내 안에서 눈뜰 때

컴컴한 시간만이 몸을 뉘인 묘혈 안
천마총 나무덧널 주검의 등 뒤에서
팽팽히 넘쳐 오르는 이 낯선 빛들은

천마총 · 10

바람이 가라앉고 가라앉은 자리마다
푸른 그물을 벗어버린 버드나무 잎새들은
조금씩 끝이 무너진 햇빛들을 놓습니다

물은 봉분 그늘을 등에 져서 나르고
기억의 파문들이 돛폭을 반짝이며
햇빛은 또 잎새마다 길을 내는 연못가

막 깨어난 부장품의 부신 얼굴을 하고
수장된 마음 한자락 문을 열고 있습니다
무수한 별자리들을 숨긴 밤하늘처럼

천마총 · 11

달아나자 저 속도 저 무서운 속도로부터
관통을 꿈꾸는 저 보이지 않는 적의
갑자기 등을 보이며 달아나고 싶었다

비겁한 우리들의 그림자를 겨누고
적막의 끝에서 직진으로 와 꽂히는
철제 창 화살촉들의 가지런한 힘을 본다

천마총 · 12

보아라 다 지운 손금 같은 길을 펴며
수천 년 전에 죽은 한 사내의 눈빛이
실명의 긴 세월들을 불사르는 집 한 채

금동마구 장식들을 번쩍이며 달려와
단풍나무 잎잎마다 제 몸을 불사르고
투명한 핏줄만 남아 날아오를 때까지

보아라 서라벌 가을하늘을 불러내며
수천 년 전에 죽은 한 사내의 눈빛이
혼불로 우리 가슴을 불사르는 집 한 채

천마총 · 13

천년을 쉬는 어깨 위로 이팝나무 꽃 뿌리며
구름의 층계를 오르는 햇살처럼
봄하늘 차고 오르는 무덤 속 말 한 마리

가슴 깊이 잠자던 어둠의 덫을 열고
날개를 다친 빛이 몸을 일으켰을 때
내 안의 골짜기들이 갑자기 환해졌다

천마총 · 14

위엄이 다하고 눈부심이 다하고
긴 침묵의 입구에서 획을 긋는 먼 길
마지막 구절쯤에서 눈이 내릴 것이다

동봉한 꽃잎들이 갈피에서 떨어지듯
잠들지 못한 것들 수런대는 슬픔도
어둑한 솔밭 잔솔잎 함께 묻히어 갈 때

시위를 끊어버린 기억들은 떠돌다
상흔마저 표백된 산이 되어 쌓이고
하늘만 지우지 못한 여백으로 남는다

천마총 · 15

맨발로
일천 오백 년
어둠 속을 걸어서야

내게 손을 내밀었다
밀어 같은 냉이꽃

손안의
일천 오백 년
봄하늘이 빠져나갔다

대릉원에서

갯벌처럼 쓸쓸한 새벽이 다가왔네
쌓아 무거운 적석의 오랜 어둠
불면의 젖은 머리맡 흰 안개로 깨어나

따뜻하리라 허명의 긴 표류에 지친 잠들
무너진 봉분 위 푸른 대도 자라서
축축한 외로움으로 피리소리를 낼 때

찬물처럼 반짝이는 아침햇살 한 자락
어둠에 눈이 부신 이승의 먼 안부는
명부의 물굽이까지 환히 닿아 있을라

제3부

모과나무

열매를 가진 것들은 어두워지지 않는다

흘려 쓴 글씨 같은 안개 속 길을 향해

파랗게 빛나고 있는 손아귀에 쥔 등불

버들꽃

대륙을 건너 온 흙바람 결에 실려

몸속의 푸른 별을 다듬는 가지 끝에

보오얀 그리움들이 연서처럼 빛났다

물보라 자욱한 맑은 마음 한 자락

꽃잎에 머금은 꿈이 흰 날개를 달 때쯤엔

먼 안부 분분하리라 그대 사는 마을까지

봉길리행

한 시대가 가고 또 다시 한 시대가
유명의 깎아지른 물 한고비 넘다 보면
등 뒤엔 잊혀진 것들 기척만 남은 가을

바다의 후손들은 봉길리에 가서 운다
디딜 곳 하나 없는 울음의 영토에서
비로소 고요해지는 능바윗속 **뼈** 한줌

모래가 모래들을 바람이 바람들을
은칼로 베어내는 예각들의 먼 안쪽
한 시대 해안을 덮는 아, 축축한 가을

삼우제

묘토가 마르고 떼장이 마르고
엊그제 듬성듬성 우리가 밟아 묻었던
발자국 붉은 슬픔도 둥글게 지워졌다

이제 네가 내게로 와서 꿈꾸는 유적이 되고
찬 빗돌에 놓이는 어스름이 꽃이라면
한 줄도 읽을 수 없는 그리움의 첫 장

까마득한 외줄의 기억 끝에 매달려
청맹의 꼬리연으로 돌아보는 새 한 마리
불립의 문장을 끌고 마침표로 사라진다

표류하는 벽

바다는 거대한 소리의 벽이었다
면벽을 막 끝낸 보길도 어스름녘
바람의 언 머리칼이 칼날처럼 희었다

적막한 섬이었을 한 사람 불러내면
어부사시 물매듭에 부딪쳐 다시 혼절하고
추운 귀 수평에 걸린 삭정이로 떨다가

한 잎 반짝이는 돌잎사귀 같은 섬은
깜깜한 눈물 속을 헤엄쳐 더 깜깜한
눈물의 밑바닥으로 가라앉고 있었다

동행

석양의 내리막길 간간 산이 울었다
울음의 그루터기 발이 걸린 어둠 위로
어머니 보일 듯 말 듯 잔광을 흔드신다

나는 늘 어머니의 아픈 옹이였다
어둠의 뼈대 같은 소나무 그루들이
무거운 세월을 이고 허리 펴는 바람 저편

옹이가 아파 우는 저문 산 어디선가
마음 홀로 불 밝힌 솔방울들이 쌓이고
나를 싼 거친 어둠이 따뜻해질 때가 있다

불이문

낙숫물 소리 혼자 절을 떠메고 가는 것을
대낮에도 한번씩 가슴에 불을 켜는
어두운 누문 기둥에 등 기대고 보았다

수천 갈래 길들이 만났다 풀어지고
만났다 풀어지는 절간 묵은 기왓장이
품속에 잠들어 있는 어린 풀씨로 빛나고

빗방울 속에 갇힌 한 생애의 홍수가
내 몸속 투명해진 둥근 적막에 부딪칠 때
저물녘 아무도 없는 부도 앞이 환하다

우기

대낮에 불켠 집들 비 속을 떠다닌다
귀란 귀 소리란 소리 모두 젖어 닫힌 후
비 소리 시인 천상병 저음으로 읊는 귀천

노천에 머리 누인 축축한 설움들이
돌아보면 먼 뇌우 섬광을 꿈꾸면서
어두운 구석으로만 몰려다니는 빗줄기

홍해처럼 갈라진 도심을 가로질러
신기루로 피어나는 안개꽃을 흔들던
조용히 그림자 같은 한 사람 떠나갔다

폭설주의보

울지 마라, 산정 높이 휘날리는 깨끗한 눈물
박제된 꽃잎 같은 수혈을 한 겨울저녁
눈발의 고요한 통화 우리의 길은 멀다

아미동 저문 능선 폭설이 내리고
평화로운 아침 모든 것은 덮여서
가슴 속 은밀히 찍힌 긴 병고의 발자국

울지 마라, 눈부신 은닉의 흰 산 아래
침엽의 정신들이 푸른 가시를 세우듯
묵묵히 겨울을 나는 저 깨끗한 눈물

자화상

단간 방 어디에도 해초처럼 자라던 빛
온몸이 귀가 된 흰 새알 나를 품고
목젖을 꾸르륵거리며 바다새가 울었다

눈먼 꿈의 화석들이 섬그늘을 키우고
단단한 껍질 밖의 껍질로 저무는 바다
한 생애 부리를 세운 제 울음이 섬인 것을

길은 잠시 빛나다 가라앉는 상처인데
불안한 날갯짓의 이명으로 떠난 새는
다시는 눈먼 섬으로 돌아오지 않으리

월인천강지곡

해운대 달맞이길 육신을 묻어놓고
당신이 만났던 수천 송이 꽃들이
일시에 다 피었다가 져버린다 하자

묻어놓은 육신이 승천의 흰옷 입고
당신이 만났던 수천 마리 새들이
일시에 지저귀다가 그친다고 하자

만발한 웃음소리가 아, 만발한 눈물방울이
적멸의 표정을 열고 수천의 당신이 되는
나 그런 거울 하나만 가졌으면 싶어라

동백

새빨간 저녁해를 등에 진 사람들은
관절마다 휘파람새 우는 우리 대문간에
눈부신 바다비늘을 함지째 풀곤 했다

불면의 그 지느러미 갯노을 되었을까
어쩌다 뚝 뚝 지는 동백꽃 송이 보면
새빨간 저녁해 등진 긴 그림자 보인다

물수제비

이곳의 노을에선 말울음 소리가 난다
마사가 있었다던가 섬을 빙 두르면서
안개로 일어서다가 무릎 꿇는 흰 말들

반혼의 고삐 풀린 물보라 타는 저녁
하나 둘 문패 대신 조등이 내걸리고
안개의 발굽에 채인 징 소리만 울었다

조금씩 부서져서 돌아온 울음들이
다시 부서지기 위해 바다로 가던 길을
마흔 해 벼랑을 넘는 물수제비로 돌아본다

폐가를 지나며

곰나루 산밭 과수원 비탈진 언덕바지
스산한 겨울해에 비스듬히 기대앉아
무참히 무너져내린 빈집들을 보았다

죽음과 마주앉아 너와 내가 부는 피리
神이 거두어간 퇴락한 세월 앞에
불빛이 사그라지면 모두 빈집이려니

살아서 빛을 내던 모든 것은 흘러서
켜켜이 펄럭이는 언 산길을 때리고
심지의 굳은 흔적은 오, 눈뜨지 않는다

검붉은 쇳대 같은 녹슨 기억 삐걱이는
빈 몸의 틈 사이로 때론 환한 창이었을
사람들 깜박 켜졌다 사라지는 저물녘

갈수기

채송화 꽃에서도 쓴 탕약 냄새가 났다
햇빛은 삼베보자기 성근 올을 풀면서
날마다 요이부자리 흰 솔기로 빛났다
독감 바이러스에 감염된 먼지들은
동생들이 부르는 노래 속을 떠돌다
샛노란 마른 꽃술에 불붙다가 꺼지고
내 혼몽의 머리맡 지키시던 어머니
약물 배인 손바닥 허물벗는 자국마다
아, 설핏 소스라치던 그 여름날 채송화꽃

변성기의 강

범람을 꿈꾸던 강은 갈대숲을 지나며
불안한 변성기의 목청으로 울었다
무참히 베어져 나간 강그늘을 치면서

날카로운 투원반처럼 날아든 철새 떼가
갈꽃머리 하얗게 목관악기를 부는 저녁
내 꿈의 피리구멍은 슬픔으로 깨어났다

얼음 호수

그대, 먼길을 돌아 여기에 당도했나
바람의 **뼈**를 쥔 속울음 사내처럼
굴신의 생애 끝에서 회초리를 꺾는 숲

살아선 한 번도 붙들지 못한 날개
깨어진 수천 조각의 거울에 베인 꿈만
찬란한 물의 영혼을 만져 보게 되었나

기억이 부서지는 소리 없는 소리 앞에
물이여, 소스라친 찰나의 눈빛들은
가슴 속 품고 벼려온 모든 칼을 바친다

거미집

1
우물에 비친 달을 뜬 그대 두레박에
신단에 잘라 바친 딸들의 눈물로 짠

눈부신
달의 머리칼이
먼저 걸려왔습니다

2
혼령처럼 가볍게 죽음이 찾아왔다
아름다운 비상이 숨긴 저 그림자 없는 살의

목졸린
저녁하늘이
파랗게 질려 파닥인다

강촌역에서

길들은 뜨거운 몸을 미루나무에 기댄 채
어두운 강물 속을 들락이는 저녁산을
햇빛의 발톱을 세운 대빗자루로 쓸고 있네

감금의, 불붙는, 팔삭동이 저 그림자는
물의 고동소리가 회오리진 발자국들
비명이 무성음으로 처리된 가을이 오고

뻗어갈 곳 없는 길이 제 아픈 뿌리 안고
낭떠러지를 떨어지며 움켜쥔 잡풀처럼
세상은 늘 위태롭게 나를 잡고 있었네

새

천형의 입술로도 파랑새를 날렸는데
비탈진 흔적 같은 비틀거리는 노을 위로
지상의 추운 이름들은 새가 되어 날아갔다

내 미망 훤히 비친 까마득한 서쪽하늘
생략된 묵음들이 깃털처럼 떨리다가
마음을 텅 비워버린 길이 불타올랐다

상실시대

더 쓰러질 곳이 없어 왕벚나무 꽃이 피고
내 보아 주리라 흰 꽃잎 수슬수슬
무섭고 아름다운 봄 그 복면의 슬픔을

소리 내지 말 것 강은 계속 낮아지고
소리는 무거워져 깊이 숨겨졌을까
끝끝내 소리 내지 못할 한 시대의 상처

저문 날 긴 방둑 헐벗은 마음들은
쉬 저물지 못한 자의 그림자로 남아서
하얗게 불타오르는 빈 꽃으로 출렁인다

제4부

청사포 · 1

청사포 대보름 밤 보름사리 부푼 바다
잠들지 않는 죽음과 죽음들의 은이삭
그리고 서슬 빛나는 쇠낫들을 보았다
잘려나간 수족과 잘려나간 신음들
무혈의 저 무서운 그리움들을 보았다
그믐밤 부러져버린 살대 같은 수평선
삭망의 첫 은륜이 끌어 올려졌을 때
하얗게 잘려나간 바다의 뿌리들이
어머니 오, 어머니라고 외치는 것을 보았다

청사포 · 2

닻줄을 풀 때마다 푸른 해로 일어서다
은발로 쓰러지는 청사포 물보라길
초로의 어부 한 사람 눈이 젖어 보고 있다
수천 갈래 바람으로 갈가리 찢기다가
주름투성이 울음으로 되감겨 오던 바다
산허리 쑥대궁들은 아픈 닻이었을까
한 생애를 다 바쳐 마련한 물길들은
구릿빛 팔뚝으로도 다 풀지 못한 슬픔
초로의 어부 한 사람 눈이 젖어 보고 있다

청사포 · 3

컨테이너 박스 횟집 그늘을 깔고 앉아
바다노을 한 끝으로 쓰레기불 놓는 여자
바다가 눈썹 아래서 꿈틀거리며 타고 있네
몇 생을 건넜을까 그림자 없는 바람
비린내 나는 슬픔도 고스란히 타고 있네
어둠에 길들여지지 않는 눈부신 말갈기들
성난 흰말들의 떼울음이 타고 있네
해저 깊이 잠자던 무덤들이 열리고
청사포 지어미들의 흰 뼈들이 타고 있네

청사포 · 4

으깨어지는 것이 어찌 파도뿐이랴
지느러미를 잘린 채 터져버린 떠돌이별
방파제 시멘트 위에 노구를 누인 폐선
가위눌린 침묵들이 으깨어지고 있었다
굴딱지 앉은 기억 한아비적 뱃노래
벌겋게 녹슨 침묵들이 으깨어지고 있었다
저 신의 대장간 초벌구이 별들이
서투른 항해를 꿈꾸는 밤하늘에
침묵은 유성이 되어 으깨어지고 있었다

청사포 · 5

허물어진 장독대 기척들만 남아서
빈 항아리 소금꽃 하얗게 피워놓고
먼 집의 저녁 밥 냄새 당겨보고 있습니다
낡은 슬레트 지붕들이 이마를 빛낼 때쯤
양미리와 언 빨래들 걸어놓은 벽을 타고
흰 깃발 흔들고 있는 골진 햇빛 그림자
마을이 고요 쪽으로 기우뚱거릴 때마다
구불텅한 내리막길 빈집의 문짝들도
열렸다 닫혔다 하며 광휘를 밝힙니다

청사포 · 6

하늘과 바람과 그 속에서 반짝이던
청사포 바닷사람 혼령 같은 햇살들은
자꾸만 바깥바다로 달아나고 있었네
심근경색을 앓고 있는 바다의 핏줄들은
대형 횟집 수조에 꺾여버린 빛들을
가슴 속 청동거울에 모을 수 없어 헐떡였네
신축 아파트 초입에서 뒤돌아 본 수평선
번갯불 형상으로 어려있던 빛들이
어느새 내게로 와서 통증으로 끓고 있네

청사포 · 7

방조제 드럼통 위 위태롭게 앉은 사내
하루해 혼신으로 외줄을 타고 가면
낚싯대 하나에 걸린 붉은 바다 아가미
퍼덕이는 삶의 무게 당기면 당길수록
저무는 것들 속에 깊이 박힌 바늘들이
돌아와 사내 가슴에 상처자국 내고 있다
황토빛 노여움으로 잘린 산이 빛날 때
갯내 절은 긴 그림자 도선장에 부려놓고
어구를 짊어지듯이 저녁노을을 챙겼다

청사포 · 8

포크레인 소리가 굴러내릴 때마다
포구의 집들은 들풀처럼 나부끼고
다문 입 실어증처럼 깊이 창을 내렸다
누렇게 뜯겨나간 바람의 머리칼이
외다리 헌 깃발을 바다 쪽으로 부풀릴 때
무너진 노을에 갇혀 어두워지는 수평선
침묵의 뼈조각이 굴러내릴 때마다
눈부신 저 여름바다 송곳니가 와 박혔던
맨살의 해안선들이 아파오기 시작했다

청사포 · 10

썰물자리 갯바위 미끄러운 등을 타고
허리춤 다 드러낸 젖먹이 업은 할미
해오름 붉은 바닷말 질긴 어둠 뜯어낸다
몽고반 푸른 족속 한 나라를 동여매고
무릇 모든 어미 된 자 눈물의 주문에 걸린
바람의 갈기를 잘라 바다를 달래는가
첫 밀물 물기둥이 치고나간 내 머릿속
흰 사슴과 푸른 늑대 모습으로 그려졌던
몽고족 신조신상의 벽화가 떠올랐다

청사포 · 11

눈뜨고 맞이하는 죽음을 노래하리라
모딜리아니 여인처럼 목이 길어진 등대불
회귀의 모든 길들은 젖은 몸을 일으킨다
눈뜨고 맞이하는 생명을 노래하리라
몇 굽이씩 휘어져 굳은살 박힌 파도
가슴에 묻어두었던 옛사랑 엎드린다
붉은 창에 내걸린 노래는 늘 홀로 남아
스스로의 절망으로 해가 떨어져 죽은 자리
허옇게 이를 악무는 달이 대신 차오른다

청사포 · 13

가겟방 앞 임을 인 노인 몇이 내리고
황혼이 재처럼 날리는 바닷가
검붉은 고무함지 아래 억새풀로 나부꼈다
머리수건 그늘로 타는 노을 물결이었을까
물 때 맞춰 잠기고 휩쓸려온 바위처럼
목줄기 누른 날들은 노을물결이었을까
서로가 고독한 바위임을 알 때쯤에
저 혼자 깊어져 뼈가 굵은 것들은
갯마을 순한 물살에 자꾸 무거워졌다

청사포 · 14

출항의 바닷새 트럼펫을 부는 아침
참을 수 없는 떨림, 바다의 깃털들은
젖은 몸 후르르 털며 깨어나고 있습니다
먹고무 타이어로 가슴을 동인 삶도
푸른 근육 불끈거리며 안개를 메다꽂고
싱싱한 휘파람으로 깊은 숨을 내쉽니다
어둠과 햇빛 사이 뱃머리를 놓습니다
투명한 실금으로 떠올라온 상처마다
파랗게 등불 켜드는 툰드라의 이끼처럼

청사포 · 15

물꽃이 타오르면 서로의 상처마다
모난 뿔 부딪치며 희게 일어서는 바다
청사포 여름 방둑엔 잠 못 드는 사람 많다
맑은 속을 비워 낸 물방울이었을까
빛을 물고 사라지던 아름다운 기억들이
어둠의 깊은 뿌리로 눈부시게 빛날 때
컴컴헌 물소리 가득 채운 가슴마다
환한 등불 하나씩을 받쳐드는 물바위들
내 마음 깎인 모들은 마애불로 떠오른다

제5부

초저녁별

나팔꽃 이운 밤길 세상의 곤한 그늘

집들은 무거워져 조용히 가라앉고

삿갓 쓴 앞산 봉우리 저물어 오신 손님

돌아오지 않는 것은 밤하늘로 날아가

그리운 이름들은 먼 곳에서 빛나고

여름밤 문설주 위에 자명등을 켜 두리

겨울강에서

물살 하나가 탄환처럼 얼음 밑을 지나갔다
얼어붙지 않기 위해 떠돌던 안개 떼는
겨울강 대숲 쪽으로 퇴각하기 시작했다

체첸과 동티모르 결빙의 활자들이
폐비닐 검불에 섞여 동사하는 신새벽
댓잎의 추운 정신은 죽비로 강을 때리고

단단하게 엎드린 대나무 뿌리들이
지구의 심장에 불을 당기는 소리
속살이 훤히 비치는 해 뜨기 전 어둠

숨은 길

수레바퀴 자국에도 마음 패이는 진흙길에
기침처럼 쏟아지는 하얗게 질린 벚꽃
고단한 그림자들은 해에까지 뻗어 있다

보이지 않는 창마다 노을이 퍼지고
돌아오는 지상의 모든 길에 매달려
꺼질 듯 꺼지지 않고 깜박이는 등불 하나

저녁의 젖은 손들이 땅 아래로 내려올 때
산비둘기 울음으로 뜨는 벚꽃 몇 송이
허공에 떨리고 있는 따뜻한 길을 본다

운문사

푸른 척추 꼿꼿이 세운 산에 기댄 구름
흔들림이 멎었을 때 똑바로 물을 보면
깨끗한 햇빛 쪽으로 열린 문이 있습니다

삭발한 길 하나가 흰 날개를 파닥이며
거미줄에 걸렸다 빠져나간 빈 자리
선문엔 오동나무꽃만 환하게 밝습니다

바다가 있던 자리

입술이 시퍼래진 동생을 업고 우리가
매립지 방죽을 타고 기어 넘어갔을 때
물 속의 송신철탑은 추운 소리로 울었다

날카로운 바위들이 검은 이마 빛내며
바다의 흰 갈비뼈 퉁겨 부르던 노래
붉게 튼 작은 손등에 해 가리고 들었다

보이지 않는 것들이 아스팔트를 흔들 때
슬픔은 물보라꽃 기억들을 부풀리며
아파트 유리창마다 파도처럼 내걸린다

달팽이

나뭇잎 층층대 내 길 밝으라고
먼 유목의 비릿한 젖냄새 번진 달을
구름의 등짐을 풀어 켜놓으신 아버지

떠돌이 눈먼 바람에 길들여진 길이
평생을 벗을 수 없는 얘야 네 집이란다
축축한 모래구릉이 나뭇잎마다 반짝인다

간목

큰 뿌리가 집 쪽으로 들면 좋지 않다고
십 수 년 된 우리 집 감나무를 베어냈다
홍안의 붉은 감들을 처연하게 빛내며

향로 속 한줌 재로 사위어 스러지듯
시간의 얼굴들은 붉은 기를 흔들며
자신의 가슴 안쪽을 하나하나 지우는가

아름드리 기억의 혼불이 떠난 자리
구덩이 젖은 흙들이 제 뼈들을 밀어내면
슬픔의 유빙조각들 반짝이며 흘러나왔다

사랑에 관하여

그늘을 거느린 젖은 흙들이 담을 세우고
물 고운 하늘자락 불새가 타올랐다
불그레 붉어진 얼굴 마주보며 해질 무렵
돌아오지 않는 어머니의 길 위로
근심이 어스름처럼 고즈넉이 내릴 때
할머니 늙은 수세미를 따서 씨를 갈랐다
애야 거친 삶이 훤히 보이느냐
여문 씨앗들 쏟아져 내리던 껍질의 성긴 사랑
네 세상 맑게 닦아줄 윤기가 됨을 알겠느냐
심란한 어둠에 앞서 불새가 뜬 하늘
붉게 지는 해가 구름과 얼비치어
서로를 더 아름답게 물들이는 저녁

솥

생일날 나 장원하라고 신새벽 어머니는
섣달 스무 여드렛날 동쪽 날빛을 풀어
붉은팥 고두 찰밥을 꼭꼭 눌러 안치셨다

목까지 찬 기도를 모아서 받쳐들 듯
눈부신 흰 전을 두른 어머니의 신성목
그을음 삭은 불꽃은 해를 품었음직하다

모오든 어머니들의 눈물로 끓고 있는
천지간 싸락눈 그득한 밥 냄새
잘 닦인 백철솥들이 겨울들판에 놓인다

밤길

퇴로를 차단당한 말머리 같은 구름
벽옥이며 동제 거울 짐바리 막 부려놓고
우리가 걸어온 길이 안테나 끝에 멎었네요

절뚝이는 연줄, 시계 밖으로 풀어놓고
수신음 몇 가닥이 자꾸 길을 헛돌다가
밤하늘 접힌 뒷장을 슬몃 들춰보는 달빛

지친 유민이었던 내 전생 어디쯤인가
살구꽃을 매단 채 매단 채 달아나는
다 닳은 갖신 하나가 저리 떠서 환한데요

유등 연지

사람아 네가 한 잎 떠도는 혼령일 때
연지에 뛰어드는 몸들의 그림자엔
빛나는 가시 하나쯤은 박힌 자국 보인다

흔들리다 멎다 하는 고요의 물갈퀴에
아픔도 저 물그늘 층층 환한 구층탑들
연등을 밝혀 오르는 비구니의 바라춤

마음의 중심들이 목금소리로 우는 저녁
빈 누각 한 채로 누운 네 진흙밭 한 생애
켜졌다 꺼지는 길들 박힌 자국 보인다

단풍잎

한 잎, 서늘한 빈 행려를 따라가면
잠시 돌아보는 저 눈부신 웃음
우주의 깊은 속살이 베어지다 아물고

허공에 걸어두었던 한 행자승의 도끼가
깨끗이 부수어버린 발자국만 타고있네
아마도 오늘밤 나는 잠들지 못할 것이다

뒤주 속의 바다

태왁을 지고 맨발의 해녀들 사라진 뒤
파도는 늘 찬방구석 잘 닦인 나무 뒤주
어머니 됫박 속에서 첫 몸을 일으켰다

해녀들 몸 말리는 모닥불 불티 언저리
성홍열 앓던 봄날 내 꿈속 열꽃들은
바닷가 돌샘 앞에서 번번이 시들더니

물고기 놋장식의 자물쇠로 열린 바다
지금도 새벽바다엔 어머니 손바닥 밑
깨끼로 흘러내리던 흰 쌀알들 보인다

나비

복 복 복 새벽하늘에 흰 옷고름 북천 연다

호명된 울음들이 나비로 날아간 뒤

겨우내 눈이 내렸다 할머니 환한 앞섶

안나 모자원

멀리서 오는 불빛은 모두 십자형이다
비 맞는 만으로 가서 비 맞고 돌아오는
짠물 괸 구름 뒤에서 배들은 반짝인다

한 뼘씩 손을 뻗어 넝쿨을 붙든 불빛
오도 가도 못하는 어둠 칭칭 다 끌어안고
유랑의 바다 한켠이 치마폭에서 익는다

어두워진 사람들의 낭떠러지에 매달려서
감천동 오르막 환하게 불이 켜진
어머니 눈물항아리 저 누른 호박밭

서풍부

노인이 되기 위해 길들은 바빠지고

덜 마른 빨래들은 해질녘 맹렬히 운다

여자의 붉고 큰손이 지평선을 덮을 때

마지막 말을 부치기 위해 허리 세운 어미꽃

모든 새끼주머니엔 불이 켜지고 하나 둘

저무는 세상의 등을 힘껏 밀며 날아간다

풋감

산 者는 이편으로 죽은 者는 저편으로
풋감 떨어지는 여름 낭하를 건너서
무엇이 괴로웠을까 목이 쉬던 참매미

죽음 곁에 홀로 누워 푸른 피를 말리면
마르지 않는 슬픔 감잎에 가 불붙고
맑은 살 분이 보오얀 불덩이로 채우리라

흙이 그리운 목숨들은 썩어 뜰은 빛나고
청도반시 감나무 한 그루 속에 깃든
칠월의 푸른 눈동자 그늘과 빛을 본다

춘분 무렵

오랑캐꽃 꽃잎 같은 봄저녁 어스름을
사금파리 반짝이는 기억 위로 떨구면서
황령산 저녁 첫별은 녹색 등을 켜고 있다

독마다 맑은 장이 달게 익어 가는 계절
쑥국에 모시조개 끓는 집의 지붕들은
조용히 제 그림자를 땅에 내려놓는다

세상의 잠그지 않는 외투가 펄럭일 때
아직 내려놓지 못한 그림자 몰고 돌아오는
미풍의 휘파람소리 몰래 들을 수 있다

태화강가에서

머리에 햇빛을 인 억새꽃 아름 안고
환한 얼굴 밝히며 강에 드는 저녁산
접어둔 마음갈피에 숲처럼 병이 깊다

물의 절벽 아래로 산그늘을 부르면
금갈색 도토리가 하염없이 내리고
물거울 주름진 반생 손 닿지 않는 여백

저물대로 저문 날 흰 띠로 허리 묶고
먼 유랑의 길에 오른 한 늙은 순례자
가을은 강산 곳곳에 신탁의 불을 켠다

봄이 오는 소리

눈물이 펄럭이는 햇빛을 캐다 보면
물비늘 가슴 속 얼레빗에 빗긴 남강
물들이 몸을 뒤채며 빛을 몰아오는 소리

이 땅의 질긴 어둠 치마폭에 안으시고
딸아, 어둠을 이기는 건 기다림의 힘이란다
어머니 푸른 촛대로 청청이 켜신 봄 언덕

손에 초를 받쳐든 어머니의 어린 딸들
쇠뜨기 가시나물 쑥 냉이 질경이풀
풀들이 몸을 뒤채며 빛을 몰아오는 소리

돌사자

산사꽃 이마 스친 낮달을 따라가다
직지사 관음전 앞 무릎 꿇은 석수 본다
이승의 어느 굽이가 저승에 닿아 있을까

산 첩첩 차오르는 범종의 자국들은
마음 깊은 동굴에 종유석을 키우고
세월의 풍랑만큼씩 두터워져 갔을까

유폐의 울음들이 돌이 되어 앉으면
봄은 늘 수미산에 펄럭이는 푸른 만장
너머엔 당초무늬진 먼 환생도 보이느니

가벼움에 대하여

1
불빛에 빛나는 검은 고수머리 위
얇은 나무 한 장으로 이승이 지워졌다
그날 밤 낯선 별 하나 눈동자를 깜박인다

2
장독대 소지 오른다 음력 이월 초하루
영등할멈 딸 데리고 오르는 분홍치마
한 자락 복사꽃망울 보일 듯 말 듯 소지 오른다

3
서낭당 돌무더기 돌 한 층을 얹기 위해
내 뜨거운 눈물로 열 손가락을 태우다가
버려진 돌 속에서도 파랗게 타는 불을 본다

■해설

빛나는 서정과 견고한 시정신
― 박권숙론

이지엽
(경기대학교 교수, 시인)

신라 향가에는 "천지 귀신을 감동케 하는 힘"이 있었다고 한다. 노래로 불려졌으니 그 곡을 알지 못하는 오늘날의 우리로서는 그 힘을 실감할 수는 없는 일이나 이를 유추해 볼 수는 있다. 예를 들어 향가의 가장 정교한 형태인 10구체 향가 사뇌가詞腦歌 중 우리에게 가장 많이 알려져 있는 「祭亡妹歌」의 경우 앞의 4句와 후의 4句, 落句로 구성되는데 이 작품에서 서정이 모아지는 과정을 중시해보면 이에 대한 답을 구할 수 있다. 前段 落 4句에는 생사가 경각에 달려 있는 상황과 이를 차마 말하지 못하는 측은지심惻隱之心이 나타나 있다. 죽음을 지켜보는 이와 그 죽음을 혼자 감내하는 이가 누구인지가 나타나있지 않다. 이것이 나타나는 것은 後段落 마지막 부분에서야 드러난다. 그런데 後段落 전반부에서는 여기저기에서 요절한 이들을 '이른 바람에 떨어지는 잎'으로 비유하고 나서 후반부에 이르러서야 이들이 친 동기간이었음이 드러나고 있는 것이다. 바로 여기에서 서정의 폭발적인 분출이 일어나게 된다. 이 노래가 끝나자 일진광풍이 일어났다고 하는 삼국유사의 기록은 그러므로 결코 과장이 아니다. 이 천지를 움직이는 서정의 힘이 오늘의 시조에서는 찾아보기 힘들다. 시조의 발생 연원을 따질 때 한시, 고려 속요와 더불어 10구체 향가를 들고 있는 것을 감안한다면 오늘의 시조가 처한 무감동의 판박이 작품들에 대한 반성이 당연히 뒤따라야한다.

  박권숙 시인의 작품을 숙독하면서 왜 이 생각이 앞섰던 것일까. 아마 그것은 한 작품마다 벼리고 있는 서정의 힘과 긴장의 미학이 이만한 시인을 오늘의 시조단에서 찾아보기 힘들다는 점에서일 것이다. 박 시인의 작품 편편에 드러나는 서정의 힘과 긴장은 어디에서 연유하고 있는 것일까. 이 과정을 꼼꼼하게 살피고자하는 것이 이 글의 의도다.

    단간 방 어디에도 해초처럼 자라던 빛
    온몸이 귀가 된 흰 새알 나를 품고

목젖을 꾸르륵거리며 바다새가 울었다

눈먼 꿈의 화석들이 섬그늘을 키우고
단단한 껍질 밖의 껍질로 저무는 바다
한 생애 부리를 세운 제 울음이 섬인 것을

길은 잠시 빛나다 가라앉는 상처인데
불안한 날갯짓의 이명으로 떠난 새는
다시는 눈먼 섬으로 돌아오지 않으리
—「자화상」 전문

  이 작품은 시인의 고독과 아픔이 은유되어 있다. 여기에서 시인은 "온몸이 귀가 된 흰 새알"로 은유되어 있다. "온몸이 귀"가 된다는 뜻은 무엇일까. "흰 새알"은 부화를 꿈꾸고 있다. 그러나 그것은 쉽지가 않다. 세월이 가고 알이 깨지는 아픔을 겪어야만 가능한 것이다. 알은 당연히 바깥의 세상일이 몹시 궁금할 것이다. 신경은 바깥의 돌아가는 사정에 집중되기 마련이다. 그러니 "온몸이 귀"가 될 법도 하다. 그러나 바깥에 귀를 기울일수록 "바다새"의 울음만이 처량하게 들려올 뿐이다. "바다새"는 알을 보호하면서 알이 새가 되도록 해주는 말하자면 '어머니'와 같은 존재다. 그러나 이 어미 바다새는 지쳐있다. 삶의 고달픔 때문이고 알 때문에 그렇다. 알이 꿈꾸는 것, 세상의 모든 일이 그리 녹

록한 것이 아니고, 더욱이 알이 바라는 아름다운 꿈과는 거리가 있는 현실, 그 파고를 혼자서 감당하기에는 너무 힘들기 때문이다. 그러기에 혼자서 "목젖을 꾸르륵거리며" 울음을 참고 견디고 있는 것이다. 둘째 수는 문맥에 따라서는 어미 바다새의 입장을 은유하고 있는 것으로 볼 수 있지만 제목을 감안하면 시인 자신의 입장으로 보는 것이 보다 온당한 해석이 될 것이다. 다시 말해 "흰 새알"은 알에서 깨어나 "바다새"가 된 것이다. 알에서 깨어나 바라보고 있는 현실은 이미 첫 수에서 예견된 것처럼 "눈먼 꿈의 화석들이 섬그늘을 키우"는 곳이다. 동시에 그곳은 "단단한 껍질 밖의 껍질로 저무는 바다"이다. 말하자면 더 이상 볼 수도 없고 움직일 수도 없는 존재들만이 모여 있는 곳이다. 껍질 밖이기는 하되 껍질뿐인 적막한 곳이다. 그러니 "한 생애 부리를 세운 제 울음이 섬"일 수밖에 없는 곳이다. 시적화자는 여기에서 변모한다. 새 울음이 섬으로 은유되면서 새는 곧 섬이 되는 것이다. 셋째 수의 문맥은 이렇게 읽을 때라야 그 묘미가 완전히 살아난다. '떠나가는 새'가 아니라 '떠난 새'이기 때문이다. 나는 '새'를 기다리는 "눈먼 섬"의 존재가 되어 오롯이 혼자 남아 있는 것이다. 이 암담하고 쓸쓸한 적요의 세계를 떠안고 있는 비극성이 곧 시인이 당면하고 있는 현실이라는 점을 이해한다면 우리는 이 시 앞에서 숙연해질 수밖에 없는 것이다.

> 울지 마라, 산정 높이 휘날리는 깨끗한 눈물
> 박제된 꽃잎 같은 수혈을 한 겨울저녁
> 눈발의 고요한 통화 우리의 길은 멀다
>
> 아미동 저문 능선 폭설이 내리고
> 평화로운 아침 모든 것은 덮여서
> 가슴 속 은밀히 찍힌 긴 병고의 발자국
>
> 울지 마라, 눈부신 은닉의 흰 산 아래
> 침엽의 정신들이 푸른 가시를 세우듯
> 묵묵히 겨울을 나는 저 깨끗한 눈물
> ―「폭설주의보」 전문

그리고 그것이 시인이 안고 있는 오랜 병고에서 비롯되고 있음을 우리는 기어이 알아차리게 된다. 수혈을 하지 않으면 죽을 수밖에 없는 지병을 오랫동안 안고 살아가는 삶을 살아가고 있는 것이다. 수혈을 "박제된 꽃잎 같은 수혈"이라 비유한 부분에서는 눈물이 핑 돈다. 그 수혈을 한 저녁에 눈은 내린다. 시인은 시야가 흐려지는 눈을 닫고 가슴으로 길을 연다. 「자화상」에서 보듯 그 "길은 잠시 빛나다 가라앉는 상처"일 뿐임을 알고 있지만 설원 한가운데로 길을 열고 있는 것이다. 그러면서 오히려 자신의 처지를 안타까워하는 어머니를 위해, 기어이 이 사정을 눈치 챈 우리 우둔한 독자를 위해 "울지 마라"고 한다. 그러나 이 시를 읽고 어찌 뜨거운 속울음을 울지 않을 수 있으랴.

그러나 시인은 의연하게도 "침엽의 정신들"로 그 푸른 가시를 세워 우리를 슬픔에서 몰아내려 한다. 거기 있다고 내색하지도 않고 묵묵하게 겨울을 감내하는 푸른 정신을 얘기하고 있는 것이다. 아무리 힘든 상황이 연속되더라도 이를 초연하게 극복하겠다는 결연한 의지를 보여주고 있는 것이다. 그 결연함 위에 "깨끗한 눈물"의 의미는 단순한 눈물의 차원을 떠나 생의 정죄로까지 연결되고 있다고 생각된다. 누구에게 드러내놓고 그 아픔을 얘기 한 적 없지만 시인은 그것을 자족적인 읊조림이나 절망이 아니라 지순하고 지순한 "깨끗한 눈물"로 돋아나게 하고 있는 것이다. 결국 박 시인의 서정의 힘은 자신의 내부로부터 오랫동안 정제되어 온 아픔의 소금 꽃 절정이자 온전한 육화를 거쳐 나온 시적 상상력의 집약이라고 볼 수 있는 것이다. 시인은 스스로 〈시인의 말〉을 통해 자신의 심경을 "이쪽 하늘에서 다른 하늘로 건너가는 불혹의 고갯길 싸라기꽃 피워놓고 간밤 내 소금투성이 길을 더듬어 왔"음을 술회하고 있다. 그러나 시인은 아울러 "누군가 쥐었다 놓아버린 꿈들이 고독한 한 사람의 두메에서 빛날 때 어둠에 겹쳐 쓰러지는 봄눈 환한 발을 본다"고 말한다. 아픔 속에서도 봄눈의 '환한 발'의 경이를 생각하는 것이다. 이를테면 '싸라기꽃'의 서정을 잡아내는 힘과 그 힘을 '환한 발'의 절정으로 승화시키는 힘이 동시에 내재되고 있는 것이다. 부드러우면 휘기 쉽고 강하면 꺾이기 쉬운 법인데 부드러우면서도 강한 독특한 서정성을 보여주고 있는 것이다. 이 양면은 상통하면서도 전혀 다른 차원의 얘기다. 부드러움은 표현의 영역이고 강함은 정신의 문제이기 때문이다. 대개 부드러움은 이미지와 비유의 신선한 묘사를 통해 나타난다.

> 흙 속에서 물의 뼈가 일어선 자국 있다(「복천동고분 노천 토기에는」)
> 달빛 배인 바다가 흥건히 흘러나와/ 창호지 아랫문살에 하얗게 차올랐다(「윤창화 씨 집」)
> 날카로운 투원반처럼 날아든 철새 떼가/ 갈꽃머리 하얗게 목관악기를 부는 저녁(「변성기의 강」)

어렵지 않게 우리는 그의 작품 중에서 살아있는 비유를 만나게 된다.

"흙 속에서 물의 뼈가 일어선 자국"을 읽는 일은 결코 쉬운 일이 아니며, "창호지 아랫문살에" "하얗게 차"오른 달빛을 발견하는 일도 쉬운 일이 아니다. 더욱이 "철새 떼"가 날아드는 장면을 "날카로운 투원반"이 날아오는 모양으로 그려낸 시인은 없으며, "갈꽃머리"를 하얗게 목관악기를 부는"것으로 그려낸 시를 지금껏 본 일이 없다. 사실 시조는 그 형식적 장치의 제약으로 인해 시적 묘사를 자유자재로 하는 것에 많은 제약이 따른다. 그렇지만 박 시인의 경우는 이를 운용하는 솜씨가 이미 한 경지 높게 열고 있는 것이다.

> 석양의 내리막길 간간 산이 울었다
> 울음의 그루터기 발이 걸린 어둠 위로
> 어머니 보일 듯 말 듯 잔광을 흔드신다
> ―「동행」 첫 수

자전적 작품으로 보이는 이 시를 통해 우리는 시인의 묘사가 절묘한 동일화의 원리 하에 창작되고 있음을 볼 수 있다. 동일화의 원리는 서정시의 가장 중요한 장르적 특성 중의 하나다. 해가 지고 이제 땅거미가 몰려오는 어둠. 시인은 그 어둠을 산이 우는 그 "울음의 그루터기 발이 걸린 어둠"이라고 묘사한다. 시의 배경이 시적화자의 심경에 녹아들고 있는 경우에 해당된다. '어머니' 역시 그 배경에 독립된 자아로 나타나지 않고 어둠 위에 남아 있는 '잔광'을 흔드시는 존재로 그려진다. 시적 대상인 '산'과 '어둠'과 '어머니'는 시인의 정밀한 의도하에 긴밀하게 서로 간섭하며 한 몸으로 육화되고 있는 것이다. 박 시인의 서정성이 새로우면서도 부드러운 이유는 바로 이 점에서 연유하고 있음을 알 수 있다. 이 신선하면서도 부드러운 묘사들이 시적 탄력을 불러

오고 그 탄력을 바탕으로 시인의 견고한 정신적 사유를 만들어내고 있는 것을 우리는 또 확인해볼 수 있다. 앞서 인용한 작품의 후반부를 보자.

> 나는 늘 어머니의 아픈 옹이였다
> 어둠의 뼈대 같은 소나무 그루들이
> 무거운 세월을 이고 허리 펴는 바람 저편
>
> 옹이가 아파 우는 저문 산 어디선가
> 마음 홀로 불 밝힌 솔방울들이 쌓이고
> 나를 싼 거친 어둠이 따뜻해질 때가 있다
> ―「동행」 후반부

"옹이가 아파 우는 저문 산"의 여음은 시인의 마음에 불을 밝힌다. 솔방울들의 여문 이미지가 서정자아의 울음을 감싸준다. 그래서 이제 드디어 잔광마저 다 가신 깊은 어둠의 밤이 와도 "따뜻해질 때가 있다"고 말하게 된다. 이 긍정적인 사유를 가져오는 힘은 앞서 살핀 시적대상과 동일화의 원리와 밀접한 관련을 맺고 있다. 시인이 시적대상을 화해와 믿음으로 바라보고 이를 껴안음으로써 시인의 견고한 정신적 토대를 만들고 있는 셈이다.

> 수레바퀴 자국에도 마음 패이는 진흙길에
> 기침처럼 쏟아지는 하얗게 질린 벚꽃

고단한 그림자들은 해에까지 뻗어 있다

보이지 않는 창마다 노을이 퍼지고
돌아오는 지상의 모든 길에 매달려
꺼질 듯 꺼지지 않고 깜박이는 등불 하나

저녁의 젖은 손들이 땅 아래로 내려올 때
산비둘기 울음으로 뜨는 벚꽃 몇 송이
허공에 떨리고 있는 따뜻한 길을 본다
―「숨은 길」 전문

열매를 가진 것들은 어두워지지 않는다

흘려 쓴 글씨 같은 안개 속 길을 향해

파랗게 빛나고 있는 손아귀에 켠 등불
―「모과나무」 전문

　위의 인용 작품들에도 이점은 분명하게 나타난다. "기침처럼 쏟아지는 하얗게 질린 벚꽃"이나 "산비둘기 울음으로 뜨는 벚꽃 몇 송이"에서 나타나는 이미지나 비유도 그러려니와 이 지는 꽃에서도 "꺼질 듯 꺼지지 않고 깜박이는 등불 하나"에 주목하며 "허공에 떨리고 있는 따뜻한 길"에 더 신뢰를 보내고 있다. 「모과나무」라는 작품은 시적묘사와 진술이 잘 어우러진 가작이다. 초장은 진술에 해당되는데 이 진술에는 시인의 시적 대상에 대한 애정과 시관이 잘 드러나고 있다. 물론 시의 초반부에 진술을 앞세우는 것은 독자들의 궁금증을 자아내는 방법 중의 하나이다. 이 진술이 빛을 발하기 위해서는 진술 자체가 죽은 사고여서는 안 되며, 이를 뒷받침하는 묘사가 신선해야한다는 두 요건을 모두 충족시켜야 한다. 이 작품은 두 요건을 다 충족하고 있다. 더욱이 중장은 그 자체의 묘사도 신선할 뿐만 아니라 종장의 도드라짐을 더욱 부각시켜주고 있다는 점에서 그러하다. 시인의 견고한 시 정신은 거의 전편의 작품에서 살펴볼 수 있다.

> 청사포 대보름 밤 보름사리 부푼 바다
> 잠들지 않는 죽음과 죽음들의 은이삭
> 그리고 서슬 빛나는 쇠낫들을 보았다
> 잘려나간 수족과 잘려나간 신음들
> 무혈의 저 무서운 그리움들을 보았다
> 그믐밤 부러져버린 살대 같은 수평선
> 삭망의 첫 은륜이 끌어 올려졌을 때
> 하얗게 잘려나간 바다의 뿌리들이
> 어머니 오, 어머니라고 외치는 것을 보았다
> ―「청사포·1」 전문

「청사포」 연작의 경우에도 이 사유의 연장 위에 있다. 청사포는 '골매기 당상'의 김해 김씨 할매 신화에

푸른 뱀이 등장한데서 지명이 유래 되어 원래 청사포靑
蛇浦라 이름하였으나 뱀 사蛇 자字가 좋지 않다 하여 맑
을 청淸 모래 사砂를 써서 청사포淸砂浦라 한 부산의 포
구 중 하나다. 대부분의 경우 그 주변의 풍광을 아름답
게 그려내는 것으로 끝내는 것에 반해 시인은 적지 않
는 연작을 창작하고 있다. 그중 서두의 이 작품을 보면
시인의 의도가 어느 곳에 있는 지를 분명하게 가늠해볼
수 있다. 외면의 아름다움보다는 이들 내면에 자리한
뜨거움에 보다 관심을 두고 있는 것이다. '죽음', '서슬',
'쇠낫', '살대', '그믐밤', '삭망' 등의 침잠하거나 날카로
운 시어들도 그렇지만 "잘려나간 수족과 잘려나간 신
음들", "하얗게 잘려나간 바다의 뿌리들"이라는 강렬
한 표현들은 바다를 상대로 살아가는 이들의 고통과 억
척스러움을 동시에 보여주고 있다고 판단되기 때문이
다. 여기에 등장하는 인물들은 초로의 어부이거나(「청
사포·2」) 컨테이너 박스 횟집 그늘을 깔고 앉아 바다
노을 한 끝으로 쓰레기불을 놓고 있는 여자(「청사포·
3」), 방조제 드럼통 위에서 위태롭게 앉아 낚시하고 있
는 사내(「청사포·7」), 혹은 허리춤 다 드러낸 젖먹이
를 업고 있는 할미(「청사포·10」) 등으로 나타난다. 그
리고 그 대상이 되는 관념이나 사물들은 방파제 시멘트
위에 노구를 누인 폐선의 벌겋게 녹슨 침묵이거나(「청
사포·4」), 구불텅한 내리막길 빈집의 문짝(「청사포·
5」)들이다. 이 시적대상들은 소외받는 계층이거나 이

제는 더 이상 生을 주목할 수 없는 한빈한 것들이지만 시인은 이 대상들로부터도 그들 내면 의지를 건강하게 읽어낸다. 예를 들어 「청사포·14」에서

> 먹고무 타이어로 가슴을 동인 삶도
> 푸른 근육 불끈거리며 안개를 메다꽂고
> 싱싱한 휘파람으로 깊은숨을 내쉽니다

"푸른 근육"과 "싱싱한 휘파람"으로 형상화 되고 있는 점은 이를 반증하고 남음이 있다.

> 천년을 쉬는 어깨 위로 이팝나무 꽃 뿌리며
> 구름의 층계를 오르는 햇살처럼
> 봄하늘 차고 오르는 무덤 속 말 한 마리
>
> 가슴 깊이 잠자던 어둠의 덫을 열고
> 날개를 다친 빛이 몸을 일으켰을 때
> 내 안의 골짜기들이 갑자기 환해졌다
> ─「천마총·13」 전문

「천마총」 연작 또한 인용 작품을 통해서 보듯 종국 그것은 서정자아의 자존과 성찰의 불 밝힘에 놓여있다. 다만 「청사포」가 현실 공간의 얘기라면 「천마총」은 과거의 역사적 사실에 보다 경도된 인식을 보여주고 있는

차이만 있을 뿐이다.

> 젖니가 통통 배인 환한 잇몸을 하고 서서/ 터질 듯 웃음을 참는 산벚나무 꽃입니다(「내 마음의 고수」)
> 겨울은 늘 굽어서야 더 청청 일어서고(「해송의 노래」)
> 바위가 붉은 꽃잎으로 가득 차 올랐을 때// 내 안에 보이지 않던 섬 하나가 떠올랐다(「대왕암」)
> 하늘이 물 속으로 자꾸 걸어 들어간다/ 환한 강, 저 시계소리 멈추지 않는다(「오래된 시계」)
> 바다의 환한 속살에 내 손 닿을 수 있다(「해녀」)
> 내 몸속 투명해진 둥근 적막에 부딪칠 때/ 저물녘 아무도 없는 부도 앞이 환하다(「불이문」)
> 내 뜨거운 눈물로 열 손가락을 태우다가/ 버려진 돌 속에서도 파랗게 타는 불을 본다(「가벼움에 대하여」)

상당수의 작품들에서 찾아보게 되는 견고한 시인의 시적 성찰은 분명 박 시인의 시세계의 큰 특징이자 아름다움이다. 그것이 더욱 빛을 발하는 것은 그가 일반인들이 도저히 생각할 수 없는 병고와 이에 번민하는 고통 사이의 변주 속에서 얻어낸 점이라는 점에서 가벼이 볼 수 없는 엄숙함이 있다.

우리는 지금까지 박권숙 시인이 다스리고 있는 서정의 힘이 되는 근원과 그것이 시인의 정신적 사유의 세계로 어떻게 승화되어 분출되고 있는지를 시인의 작품을 통해 살펴보았다. 시적대상을 화해와 믿음으로 바라보는 동일성의 시학을 바탕으로 미래에 대한 희망을 견실하게 축조하고 있는 박 시인의 작품은 분명 우리 시조단을 보다 젊게 하고 풍성하게 만들어 주리라는 기대를 갖게 한다. 나는 다만 박 시인이 이 푸르른 초록 광휘의 '침엽의 정신'과 '깨끗한 눈물'의 빛나는 절정을 끝까지 이어가 주기를 뜨겁게 바랄 뿐이다.

엘리시학 정형시집 ㉓
홀씨들의 먼길

초판 1쇄 인쇄일 · 2005년 4월 28일
초판 1쇄 발행일 · 2005년 5월 9일

지은이 | 박권숙
펴낸이 | 노정자 · 정성욱
펴낸곳 | 도서출판 고요아침

출판 등록 2002년 8월 1일 제 1-3094호
120-814 서울시 서대문구 북가좌동 328-2 동화빌라 102호
전화 | 302-3194~5
팩스 | 302-3198
e-mail : goyoachim@hanmail.net

ISBN 89-91535-19-4 (04810)
값 6,000원

*이 책은 한국문화예술진흥원의 문예진흥기금을 받아 출간되었습니다.
*지은이와 협의에 의해 인지는 생략합니다.
*잘못된 책은 교환해 드립니다.